国家社会科学基金重大项目"中华思想文化术语的整理、传播与数据库建设"（15ZDB003）
教育部、国家语委"中华思想文化术语传播工程"成果之一

"看不懂"的中国词

德行礼仪篇

张子尧 编著

外语教学与研究出版社
北京

出版说明

2014年,"中华思想文化术语传播工程"作为一个国家级的研究与传播工程正式启动。在教育部的关怀与支持下,在北京外国语大学和外研社的组织和推动下,先后有四十多所大学及研究机构、逾百位专家学者参与其中。迄今为止,阶段性完成了中华思想文化术语九百条的遴选、释义、翻译工作,并向社会发布,推荐使用。至2020年12月,已有30个语种的"中华思想文化术语"系列图书输出到国外。

"中华思想文化术语",简单讲,就是由中华民族创造或构建,凝聚、浓缩了中华哲学思想、审美意识、人文精神、思维方式、价值观念,以词或短语形式固化的概念和文化核心词。它们是我们的祖先几千年来对自然与社会进行探索和理性思索的成果,积淀着中华民族的历史智慧,反映着中华民族最深沉的精神追求以及理性思索的深度与广度;其所蕴含的人文思想、审美意识、思维方式、价值观念已经作为一种"生命基因"深深融于中华子孙的血液中,内化为中华民族共同的性格特质,并由此支撑起中华数千年的学术传统、思想文化和精神世界。它们是当代中国人理解中国古代哲学思想、审美意识、人文精神、思维方式、价值观念之发展变化以及文学艺术、历史等各领域发展状况的关键,也是世界其他国家和民族了解当代中国、中华民族和海外华人之精神世界的钥匙。

《中国智慧》系列图书是我们专门为小朋友们量身打造的一套传统文化绘本,也是"中华思想文化术语传播工程"推广、普及的转化成果之一。中国传统文化的普及传播,并非唯有对传统蒙学读物死记硬背一途可循,希望这套原创文化绘本的策划与出版,能够让孩子们更真切、更感性地去体悟我们的文化,更有情境感地去理解"中国智慧",从而在未来可以更好地认识自我,更为自信地向他们的同龄人讲述"中国故事"。

《"看不懂"的中国词:德行礼仪篇》是《中国智慧》系列的第三册,从数百条中华思想文化术语中挑选出"礼""孝""悌""积善成德""诚""和为贵""信"等二十条利于孩子理解的术语,用生动有趣的方式、广泛而丰富的材料,深入浅出地讲述中国德行礼仪背后的文化知识,帮助孩子感受德行礼仪的源远流长,体悟中国传统文化中的哲学智慧和处世规范,体会术语背后的中国文化与智慧。

在这里,特别感谢审稿专家中国人民大学国学院教授袁济喜老师和中央民族大学哲学与宗教学院吴宝麟老师,以严谨治学的态度为我们提出了宝贵的修改意见,保证了这本书在知识传达上的准确性。

我们真诚地希望这套原创文化绘本,能够对孩子们健康成长、构建更为自信的"文化自我"有所助力,并真正成为他们感受、领悟传统文化、中国智慧之伟力的一把钥匙。

"中华思想文化术语传播工程"秘书处

礼仪之邦——中国

中国素有"文明古国，礼仪之邦"的美誉。"有礼仪之大，故称夏；有服章之美，谓之华。"意思是，中国的礼仪盛大，称为"夏"，中国人服饰华美，称为"华"。因而"华夏"也成为中国的代称。礼仪渗透在我们一日的生活中，一年的节日和节气中，一生的各个重要阶段中，与德行一样伴随人的一生。同时，礼也是随着时代发展而不断变化的。

礼
Rites / Social Norms / Propriety

"礼"规范了人与人之间的关系，人与天地万物乃至鬼神之间的关系。"礼"通过各种有关器物、仪式、制度的规定，明确一个人的身份，应该承担什么样的责任，以及享有什么样的权利。

什么是礼？

礼无处不在，与我们的生活关系密切，究竟什么是礼呢？

人际关系

天地

鬼神

万物

①

礼的起源

古人因为生产力水平低，对很多自然现象不能解释，因此以为暴雨、洪水、地震等自然灾害的发生，是天地神灵在发怒。面对这些灾害时，人们感叹自己太渺小了，因而希望通过祭祀、叩拜天地神灵或祖先等方式来化解灾害，同时，也祈祷来年风调雨顺、五谷丰登。

后来，政权的统治者将这些祭祀仪式进一步细化，使之成为最初的礼仪，用来规范人们的行为，以稳定社会秩序。

礼与鞋

古人说："礼者，履也。"鞋子在古代称为履。"礼"和鞋子会有什么关系呢？履，除了表示鞋子，还有履行的意思。礼仪就像是一双能让人走得更远的鞋子，言行遵礼守礼，做合乎礼的事儿，能让人们的生活更加和谐美好。

鞋子在不同的礼仪场合中有不同的寓意。长辈给孩子送虎头鞋，希望孩子如有猛兽守护，驱邪避害，百病不侵。婚礼时穿婚鞋，以此表达同偕到老的美好寓意。贺寿时为寿星送上福字履，传递着孝道。丧葬时穿孝鞋，表达悲痛。鞋履被人们视为传达情感的物品。

愿来年风调雨顺，五谷丰登。

原来鞋子还有这么多含义呀！

礼与豆

礼的繁体字——"禮"也反映着礼的起源。

左边"示",上边的"二"象征天。

象征祭祀用的玉之类的东西。

下边的"小"代表日月星,演变成三条竖线。

象征先秦时期盛放食物的器皿,也是祭祀时用来摆放供品的礼器。乍一看,造型和"豆"字有些像。

> 仓廪实而知礼节
> When the Granaries Are Full, the People Follow Appropriate Rules of Conduct.

粮仓充实了,人们才会懂得礼节。出自《管子·牧民》:"仓廪实则知礼节,衣食足则知荣辱。""仓廪"是古代储藏米谷的地方或设施。"仓廪实"指粮食储备充足;"礼节"指社会的礼仪规矩。

卖了粮,多些余钱也好孝敬爹娘。

粮食丰收了,可以多买块布给娘做衣裳。

为什么要学礼

礼是中国传统文化的重要组成部分,从古至今,源远流长。《论语》有言:"不学礼,无以立。"不学习礼,如何学会做人,又如何在社会上立足呢?简单的六个字道出了学习礼的重要意义。

不学礼,无以立。不学礼,如何学会做人?

孔子

我这就去!

孔鲤

中国人的一天

流传至今的众多礼仪，早已渗透在我们的日常生活中，涉及生活的方方面面。让我们一起推开礼仪的大门，去探索里面的奥秘吧。

早上见面打招呼开启了中国人一日生活的礼仪。你知道在古代人们是怎么打招呼的吗？

无它乎？

最早的招呼语是"无它乎？""它"是指蛇。那时，住在草木丛生的茅棚或是洞穴里的人们经常会遇到蛇，所以见面时会问一句："没遇到蛇吧？"

后来，人们成功赶走了蛇，但是虫害又来了，问候语也改为了"无痒乎？"因为他们经常被虫叮咬，痛痒难受。

无痒乎？

再后来，人们虽然不再害怕蛇类的袭击、虫类的叮咬，但食物却不够吃，饥一顿，饱一顿，邻里见面便常问候："吃了没？"

"吃了没？"
"吃了没？"
"愿来年好些，能吃饱肚子！"
"娘，我饿！"

"早上好！"
"你好！"

现在，人们生活好了很多，"吃了没？"也被"早上好！""你好！"之类的问候语取代。

中国人的一天

中国古人讲究"洒扫应对"皆可悟道，日常生活中的一些平凡小事，如孝敬父母、友爱手足、与人交往等都蕴含着人生道理，体现着一个人的德行和礼仪。

家人相处的礼仪

仪表言行礼仪

人际交往的礼仪

餐桌礼仪

日常礼仪中的德行

⑤

家人相处的礼仪

家是我们每日生活的地方，对于我们每个人都很重要，我们在这里开始自己的一天。家里有和我们血脉相连的家人，《论语》中说："孝悌也者，其为仁之本与！"孝敬父母友爱兄长，是做人的根本。与家人相处需要注意哪些日常礼仪？我们在这些日常礼仪中又能潜移默化地培养出哪些德行呢？

孝敬父母

古人说"百善孝为先"，说的是做人首先要懂得孝敬父母。"孝"深深地根植在每一个中国人的内心。古人将孝放在非常重要的位置，甚至官员的考核、录取、升降都曾与孝有直接关系。汉代时，我国有"举孝廉"这种选拔官员的方式，即让各地推举那些对父母孝顺、为人正直清廉的人做官。

孝 Filial Piety

子女对父母的顺从与敬爱。"孝"植根于子女内心对父母的亲爱与尊敬。

> 好，事情办得怎么样了？

> 爹，我回来了！

> 去吧，注意安全。

> 娘，我要去找隔壁虎子玩。

在古代庞大的礼仪系统中，如何孝敬父母，也是有礼仪规范的。比如《弟子规》中有言：

出必告，反必面

外出时，要告诉父母你去哪儿。回家后要给父母报平安，让他们安心。

父母呼，应勿缓。父母命，行勿懒

听到父母呼唤，不要慢吞吞地很久才应答。父母交代的事，要马上去做，不要拖延或推辞偷懒。

> 帮我打扫一下屋子吧。

> 好的。

> 下次谨记三思而后行。

> 父亲教训的是。

父母教，须敬听。父母责，须顺承

父母平日对我们的教导，应该恭敬地聆听。当我们做错了事、说错话时，父母对我们的教育与批评要耐心听、虚心接受，不能强词夺理。当我们与父母有不同的想法时，可以相互交流沟通。

> 我们到河里洗个澡凉快一下吧！

> 河水太急，水太深，不安全，父母会担心的！

身有伤，贻亲忧。德有伤，贻亲羞

爱护自己的身体，不让身体受伤或生病以免父母担忧。更不要做不好的有损品德的事，会让父母也跟着蒙羞。

7

友爱手足

兄弟姐妹之间要相互礼让、爱护、尊重。当哥哥姐姐的要友爱弟弟妹妹，做弟弟妹妹的要懂得尊重哥哥姐姐。这样兄弟姐妹才能和睦相处，手足情深，一家人和乐融融。

悌
Fraternal Duty

悌，指弟弟对兄长的顺从与敬爱。在言行上，"悌"要求弟弟遵循兄长的教导。"悌"应植根于弟弟内心对兄长的亲爱与敬重。

> 看在爱卿的面子上，朕饶他一回！

> 手足之情可以战胜瘟疫。

> 感谢弟弟不顾自身安危照顾我。

> 臣定当好好教导弟弟改过自新。

兄友弟恭

晋朝人庾衮从小和哥哥们感情很好。有一年瘟疫流行，他的两位哥哥已染病去世，三哥也不幸感染了瘟疫。无奈之下，父母决定留下哥哥，领着大家出外避难。但庾衮不肯走，要留下照顾哥哥。父母再次返回家乡时，看到完好的两人既激动又感动。庾衮说："手足之情可以战胜瘟疫。"

长兄如父

唐朝有岑文本、岑文昭两兄弟。弟弟岑文昭结交了一些品行不好的人，做了些错事。皇帝很生气，决定惩罚他。岑文本知道消息后，请求皇帝宽恕，承诺会好好教导弟弟。在哥哥的教导下，弟弟最终悔悟了，再也没犯过大错。

仪表言行礼仪

一个人，给人的第一印象很重要。干净整洁、自然得体的仪表，说话时声音的大小、语气、表情，以及待人接物时的各种表现，都会给人留下深刻的印象。从一个人的仪表言行中，可以看出一个人的礼仪修养。

衣冠整齐，能给人一个好印象。

衣着得体，举止大方

从古至今，人们都讲求衣着得体整洁，如"冠必正，纽必结"。帽子要戴端正，扣子要扣好。"勿乱顿，致污秽。"衣物等不要乱丢乱放，以免弄皱弄脏。

听君一席话，如沐春风。

谨言慎行

说话是一门学问。"与人善言，暖于布帛。"善意的话，会令人感到比布帛还要温暖。"伤人之言，深于矛戟。"伤人的话，比用矛戟伤人还要严重。

孔子曾告诫过他的学生，与人言谈要避免三种过失。"言未及之而言谓之躁，"不该你说话的时候着急说话，这叫急躁；"言及之而不言谓之隐，"轮到你说话的时候却吞吞吐吐，这叫隐瞒；"未见颜色而言谓之瞽（gǔ），"不会看人脸色贸然说话，像个"瞎子"，这叫盲目。

与人善言，暖于布帛。

你的话，如尖刀一样刺痛了我的心！

伤人之言，深于矛戟。

别人说话时随便插嘴可不好。

说话请明白些，别吞吞吐吐的。

你说话的时候，最好有点眼力见儿。

谦己敬人

谦虚礼让，谦己敬人是中国人为人处世的礼节。从一些谦辞敬语，比如"久仰""劳驾""赐教"等，可见古人说话时是多么谦谦有礼。我们来看看古人都有哪些谦辞敬语。

> 敢问您知道哪些谦辞？
> 鄙人敬请赐教。

有意思的古代谦敬辞

谦辞，是以前人们日常交际和书信往来中表示谦虚的用语。

谦称自己或与自己有关的人或事物时，会用到"小""老""愚""拙""鄙""敝""寒"等字。

小 比如，小弟（谦称自己）、小店（谦称自己的店铺）等；

老 比如，老朽（年老的人谦称自己）、老粗（谦称自己没文化）等；

愚 比如，愚兄（年长的人谦称自己）、愚见（谦称自己的见解）等；

拙 比如，拙笔和拙作（谦称自己的文章或书画）、拙夫（谦称自己的丈夫）、拙荆（谦称自己的妻子）等；

鄙 敝 寒 比如，鄙人（谦称自己）、敝校（谦称自己所在学校）、寒舍（谦称自己的家）等。

另外，还有一些常用的谦辞，如，

笨鸟先飞 表示自己能力差，恐怕落后，要比别人先行一步；

抛砖引玉 用自己粗浅不成熟的意见引出别人高明的意见等。

敬辞，则是指含恭敬口吻的用语。

敬称对方或对方的家人时，会用到"令"和"贤"等字。

令 比如，令尊、令堂、令兄、令郎、令爱等；

贤 比如，贤弟、贤侄等。

敬称对方或与对方有关的人、事物或行为、动作时，会用到"贵""高""大""玉""芳""光"等字。

贵 比如，贵庚和贵姓（询问对方年龄和姓氏）、贵干（问对方要做什么）、贵子（对方的儿子，含有祝福之意）、贵国、贵校等；

高 比如，高见（称赞对方的见解）、高就（问在哪里工作）、高寿（问六十岁以上老人的年龄）、高足（称对方的学生）、高论（称对方的言论）等；

大 比如，大驾、大名、大作等；

玉 比如，玉照、玉成（感谢对方成全或促成某事）等；

芳 多用于年轻女子。比如，芳邻、芳龄、芳名等；

光 比如，光临（称宾客来到）、光顾（用以欢迎顾客）等。

当自己的行为、动作涉及对方时，会用到"拜""奉""敬""请""屈"等字。

拜 比如，拜读、拜访、拜托（托对方办事）、拜贺等；

奉 比如，奉还、奉陪、奉劝、奉赠等；

敬 比如，敬候、敬贺、敬礼（用于书信的结尾，表示恭敬）等；

请 比如，请问、请坐、请进等；

屈 比如，屈驾（邀请人）、屈居、屈尊、屈就（请人担任一个职务）等。

当感谢别人（多是长辈或上级）时，会用到"垂"字。

垂 比如垂爱（称对方对自己的爱护）、垂青（称别人对自己的重视）、垂问、垂询（称别人对自己的询问）、垂念（称别人对自己的思念）等。

另外，还有一些常用的敬辞，如，

包涵 请您多多包涵。
府上 您府上有喜事儿，我来讨颗喜糖。
赐教 请您赐教！
久仰 久仰大名。
割爱 感谢您的割爱，我才能将这套玩具集齐。
斗胆 我斗胆问您几个问题，愿您赐教。
鼎力 感谢志愿者们的鼎力相助。

人际交往的礼仪

与人交往，中国人历来重视礼尚往来。《诗经》有言："投我以木桃，报之以琼瑶。"你赠我木桃，我送你美玉作回报。

> 礼尚往来
> Reciprocity as a Social Norm

礼注重相互往来和互惠。这个成语有时也表示用对方对待自己的态度和方式去对待对方，类似于"即以其人之道，还治其人之身"。

拜访的礼仪

古人相见，尤其是有身份、地位的人，更是注重拜访的礼仪。

拜帖是必不可少的。拜帖就是拜访别人前所使用的一张名帖，需要将自己的身份信息以及所要拜访的人写在纸上，提前送到对方家中。如果对方同意才能前去，否则贸然前往会被视为不礼貌。

汉代时这种名帖又称为"名谒"，内容是刻在一张木片上的。

您府上哪里？

这是我的拜帖，请您收下。

西汉成帝时期东海郡一位官员师饶收到的一张名谒

正面

奏主吏师卿

- 奏：写信时的敬语"亲启"之意。
- 奏：表示下级向上级的汇报
- 师：称对方的官职
- 卿：尊称，因为不能直呼长官其名，因此在姓后加"卿"字表达尊敬。

背面

谒 五官掾副谨遣书吏奉谒再拜

- 谒：表达拜访的意思。
- 五官掾副：称自己的官职
- 谨：意思是郑重地、恭敬地。
- 遣书吏奉谒再拜：差下属书吏送名谒给您，希望能得到您的许可让我前去拜访。

见面礼

如果对方同意,就会回复一封回帖,这样我们就可以带着礼物上门拜访了。《仪礼·士相见礼》记载了古代读书人初次见面的礼节:"不以贽,不敢见。"意思是相见需要带上见面礼"贽",也就是风干的野鸡。接受"贽"的一方也要以"贽"回赠,即"来而不往,非礼也。"

现在,到别人家里拜访,带的礼物也是很有讲究的,要挑选对方喜欢的且价钱合适的东西作为礼物。礼物能表达情意。选择见面礼时要注意:

破旧的东西不能当礼物 　　礼物上不要有价签 　　在中国,钟和药品不能当礼物送给别人

小夫子说

古人为何以贽为礼?

野鸡性烈好斗,不容易被人捉住,被人团团围住无路可逃时甚至会选择自杀。古人将其视为坚贞不屈的象征,因此古代读书人、官员见面时,选择送贽以相互勉励。

揖礼

古代人们见面时要行礼,常见的是揖礼。揖礼是拱手礼,揖礼按照姿势、场合、需要行礼的对象等,可分为天揖、平揖、下揖、万福礼四种。

天揖（学生拜见尊师。）
正式礼仪场合向尊长行天揖礼。行礼时,举手与眉齐,手臂间像虚抱了一个鼓。男子行礼左手抱右手,女子则相反。

平揖（幸会!幸会!）
又叫拱手礼、抱拳礼,同辈日常见面或辞别行平揖礼。行礼时,举手平臂,臂若抱鼓。

下揖（无须多礼。）
用于长辈或上司还礼。行礼时,举手微抬,臂若抱鼓,微微弯腰就好。

万福礼（小女子这厢有礼了。）
女子的见面礼仪。行礼时,举臂与肩齐,头微低的同时屈膝。

待客礼

客人来了,请人入座,为客人送上茶水,摆上水果茶点是待客的礼仪。在中国,常以茶待客,来表达对客人的尊重和欢迎。

> 师父又以貌取人,哎……

> 方丈,可否讨杯水喝?

> 看穿着打扮,不像是个贵客。

上座与香茶

相传,清代书画家、文学家郑板桥曾途经一座寺院,方丈见他衣着简朴,只说了声"坐",对身边的小和尚说"茶"。经交谈发现他谈吐不凡,于是又说:"请坐!""敬茶!"得知他是大名鼎鼎的郑板桥,又对他说:"请上坐!"并让人"敬香茶"。郑板桥应邀留下对联为"坐,请坐,请上坐","茶,敬茶,敬香茶"。方丈顿时羞得无地自容,悔叹自己不该以貌取人,上门就是客人,都需要用心对待。

小夫子说

哪儿是上座?

如果是并排的座位,靠中间的座位是上座。只有两个座位的话,左边的是上座。如果是圆桌则对门的是上座。

餐桌礼仪

古人聚餐时，座位安排是十分讲究的。据文献记载，在周代，我国已有相当完善的餐桌礼仪，包括餐桌座次、餐具摆放、进食饮酒规范等。部分礼仪传承至今，它们承载着中华民族明礼、感恩、睦邻、敬爱等丰富的情感。

宴席上的座次安排

如楚汉之争中项羽宴请刘邦的"鸿门宴"上，座次安排就很讲究。

范增是项羽的重要谋士，项羽很看重他，面朝南而坐，地位仅次于项羽和项伯。

> 我面南而坐，这说明主公很看重我……（范增）

> 我侄儿项羽让我面东而坐，这样的安排我很满意。（项伯）

> 我比刘邦厉害多了，地位当然比他高。面东的座位当然是由我来坐。（项羽）

> 竟然让我面北而坐，太过分了！（刘邦）

项羽、项伯是这场宴席的主人，他们认为自己的地位最为尊贵，他们面朝东而坐。

刘邦虽然是客人，但在项羽和项伯的眼中，他的地位低于范增，应该面朝北而坐。

北
西 ✤ 东
南

"我面西而坐没关系，但面南座位怎么能是范增来坐？"

张良

张良作为刘邦的手下，是这场宴席中地位最低的人，所以他只能面朝西而坐。

坐姿与坐相

在发明椅子之前，人们在吃饭、议事、看书时是跪坐在席子上的，即席地而坐。若把臀部稍抬起离开脚后跟，让大腿与上身呈一条线，就叫"跽（jì）坐"，可用来表示对人的尊敬。

后来，跪坐的礼节观念随着椅子的出现逐渐淡化，坐姿灵活些了。

如今，对坐姿的要求不像古代那么严格，但在正式场合坐在椅子上时，应当挺胸抬头垂腿而坐，叉开腿随性而坐是不礼貌的。

"这样的坐姿坐久了，很累啊！"

席地而坐

"坐在椅子上，再舒服不过了。"

垂腿而坐

"这样坐在地上，舒服多了。"

盘腿而坐

"幸好是现在，又是在家里，这要是在古代，这样坐就是不对的了。"

叉腿而坐

小夫子说

八仙桌的由来

八仙桌和圆桌都是我们的传统家具。八仙桌名字的由来还有一个故事："八仙过海，各显神通"中的八位仙人曾路过一处人间美景，于是变出石桌、石凳、香茗、鲜果等，在此品茗赏景休息。那石桌因八仙用过，就叫八仙桌，后来人们追求吉祥就称这种四四方方的桌子为八仙桌。

用餐礼仪

用餐，也要讲礼仪，请长辈或老师等长者先入座，表示对他们的尊敬和礼待，晚辈主动为长辈倒茶也是如此。

老师，您坐！

孺子可教！会尊重老师的人，将来前途无量。

玩筷子会弄出响声，会吵到旁人。

坐好，坐好，坐姿端正些。

餐前
请长者或客人先入座。

入座
轻声拉动椅子入座，坐姿端正。入座后不要弄出多余的响声。

用筷礼仪

筷子是很有中国特色的餐具。吃饭时用筷子也要讲礼仪。筷子的使用过程，能看出一个人的礼仪修养。这几种用筷方式，都是不礼貌的，你是不是也这样做过？如果有的话一定要改正哟。

执箸（zhù）巡城

夹菜前最好提前决定要吃什么，筷子不要在菜盘上来回移动，这会妨碍其他人进餐。

粘筷夹菜

筷子上沾着饭粒、菜叶时不要去夹菜，想要为别人夹菜时最好用公筷。

用筷指人

用筷子对着人指指点点是不礼貌的。

以筷翻菜

夹菜时，不要用筷子在一盘菜中来回挑拣，更不要在菜底下翻着夹。

进餐

餐具轻拿轻放，用餐尽量不要发出响声。古人讲究"食不言寝不语"。咀嚼食物时不说话。

餐后

餐后轻声交谈，最好不谈会让人伤心的事。如果餐后想剔牙，最好用餐巾或手挡住自己的嘴巴。

离席

离席时，要向请客的人表示感谢，也可以邀请对方下次到自己家做客，以示谢意和尊敬。

品筷留声

把筷子含在嘴里来回嘬，并不时地发出声响，一般会被认为缺少教养。

颠倒用筷

筷子颠倒使用，容易引人注目，犹如饥不择食，以致筷子都倒着用。

餐桌上香

不要将筷子插在饭中，如同祭祀上香一般，这会被视为大不敬。

小夫子说

筷子文化

筷子头圆尾方象征着中国人对"天圆地方"的理解，筷子也因为成双成对的吉祥寓意而出现在婚庆礼仪中。筷子文化源远流长，已有三千多年的历史，已传入日本、韩国、朝鲜、越南等国。

筷子摆放有规矩。筷子摆放要整齐，不能一长一短，会被误解为希望用筷子的人有个"三长两短"，是对客人的不尊重。筷子也不能横放在碗上或盘上，这是拒客的意思。筷子也不能在碗的两边各放一根，这意味着吃散伙饭。

日常礼仪中的德行

待人友善、待人以诚、以和为贵、遵守诺言、讲求信用都是日常与人交往过程中需要遵守的重要德行，渗透在中国人一日生活点滴中。

善

"善"是指时刻心存善念，与人交往时要保持友善。

积善成德
Moral Character Can Be Built by Accumulating Goodness.

积累善行以养成高尚的品德。

> 每日给人送肉，我却不知道肉是什么味道的。

> 你看起来很想吃肉，送给你吃吧。

> 顾荣真是个傻子，竟给一个低下的仆人吃肉。

> 我也想知道肉是什么味道的。

顾荣与人为善

西晋有位名人叫顾荣。在一次宴席上，他发现一位端送烤肉的人似乎想吃烤肉。于是，他将自己的那份送给这个人吃。同席的人都讥笑他："你怎么把肉给了一个低下的仆人吃？"后来战乱四起，每逢危急时刻都有一个人奋不顾身地保护顾荣，顾荣问其原因才知他就是当年那位仆人。顾荣当初的那份善意让他拥有了一位忠心保护他的人。

诚

"诚"是指在日常交往中要以真心换真心，同时要诚实待人，不欺骗他人。

诚
Sincerity

真实无妄。一切道德的行为必须建立在内心真实无妄之上。君子以"诚"作为道德修养的目标。

刘备三顾茅庐

汉朝末年，战乱四起，刘备希望能够邀请到当时的著名谋士诸葛亮为自己出谋划策，一起挽救国家。他带着关羽、张飞一连三次到诸葛亮居住的地方去拜访，态度十分诚恳。最后诸葛亮深受感动，决定出山帮助刘备。成语"三顾茅庐"由此而来，指真心诚意地邀请别人。

> 你三顾茅庐来请我，你的诚意我感受到了。我愿意为了你而出山。

> 请先生出山，助我挽救国家。

和

"和"是指人与人交往要互相尊重，和睦相处。

> ### 和为贵
> Harmony Is most Precious.

以和谐为贵。指人与人之间、团体与团体之间、国家与国家之间的关系和谐、和睦、和平、融洽。

> 和为贵，我愿退后三尺建墙。

> 惭愧，惭愧！我也愿退后三尺。

邻里和睦的六尺巷

清朝康熙年间，在京城做官的张英收到一封家信，信中说老家因为建房的问题和邻居产生矛盾，家人希望张英能出面让邻居让步。张英回信劝家人以和为贵，写道："千里家书只为墙，让他三尺又何妨。"家人收到书信后，主动退后三尺修建院墙，邻居知道后，也主动退后了三尺，于是两家之间就形成了六尺宽的巷子，被称为"六尺巷"。

> 这是骗人的吧？

> 傻子才会搬，肯定是个骗局。

信

"信"就是答应别人的事情一定要做到，言而有信。

> ### 信
> Good Faith

"信"是恪守信诺、诚实不欺。

徙木立信

战国时，秦国的官员商鞅曾起草了一个改革的法令，但是又担心老百姓不信任官府，以为法令不可能会被实施。于是，他让人在城南门旁竖了一根木头，说："谁能把这根木头扛到北门，就赏他十两金子。"大家议论纷纷，不知真假。后来商鞅又把赏金提高到了五十两。有人照做了，商鞅果然赏给扛木头的人五十两黄金。由此，人们明白了官府的信誉重千金。

> 不管是不是真的，我来试试。

> 搬个木头，就能得黄金五十两。天下哪有这种好事？

中国人的一年

中国历史悠久，有很多独具特色的传统节日，凝聚着人们对生活的热爱，对美好未来的期盼。这些节日包括春节、元宵节、中秋节等庆祝团圆的，寒食节、清明节等祭祖缅怀的，端午节、七夕节、重阳节等纪念祈福的……不同类型的节日，礼仪、习俗也各有不同。这些节日贯穿在中国人的一年之中，向人们传递着尊老爱幼、睦邻友好、勤俭持家等美好愿望。

传统节日的由来

> 愿天下太平，百姓安居乐业，五谷丰登。

> 我爱我的祖国，国已亡，我能去哪儿？愿天下再无亡国之民。

源于纪念人物

有些节日是源于对一些历史人物的纪念，比如人们为了纪念屈原、伍子胥，赞美他们坚贞不屈的品格，发展成了端午节。

源于原始祭祀

有些节日起源于原始祭祀。古代的人们对自然灾害等无法做出科学解释，认为是神灵在控制，希望通过祭祀来祈求来年的五谷丰登。比如腊八节，最早是祭祀神灵和祖先的，以祈求丰收和吉祥。

源于生产和生活需要

有些节日来源于人们生产和生活的需要。例如，春天打雷容易引起火灾，由此产生了禁火冷食的传统，这可能是寒食节最初的起源。另外，春季也是各种疾病的易发季节，于是古人在这时沐浴、洗濯，保持清洁，借以除灾去病，这便是上巳节的来历。现在，这些节日部分地被清明节所承担。

洗刷刷，洗刷刷，把疾病赶走。

冷食也不错，是另一番风味。

明天就要吃冷食了，今天多吃点热的。

不管是冷的，还是热的，我现在都不想吃。

中国人的一年

节的本意是竹节，天地有节而形成了春夏秋冬四季，四季有节就是一年四季有各种节日。节日习俗，是我们的祖先创造出来，并经过不断发展传承下来的民族习俗。这些节日礼仪与习俗贯穿了中国人的一年。

- 春　节 – 团圆的日子
- 元宵节 – 团圆的日子
- 中秋节 – 团圆的日子
- 清明节 – 祭祖的日子
- 冬　至 – 祭祖的日子
- 端午节 – 祈福的日子
- 七夕节 – 祈福的日子
- 重阳节 – 祈福的日子
- 腊八节 – 祈福的日子

春节—团圆的日子

春节、元宵节、中秋节都是家人团圆的节日。

春节序曲——忙年

到了腊月二十三，意味着距离春节仅有一周的时间了，家家户户都开始忙年，为过年做准备，"年味儿"越来越浓。这段时间，每天做啥都有讲究。为了方便记忆，人们还编了一个顺口溜：

> 二十三，糖瓜粘。
> 二十四，扫房子。
> 二十五，磨豆腐。
> 二十六，去割肉。
> 二十七，宰公鸡。
> 二十八，把面发。
> 二十九，蒸馒头。
> 三十晚上熬一宿，
> 初一初二满街走。

春节
Spring Festival

春节可以是指农历新年第一个月的第一天，也可以是指农历最后一个月的二十三日（祭灶）到新年第一个月的十五日（元宵节）这一段时间。春节实际上是古代一年之始与立春节气的混合。春节期间，人们会祭拜神灵和祖先，张贴春联和年画，置办年货，吃团圆饭，给压岁钱，除夕守岁，燃放爆竹，走亲访友等。春节体现的是中国人对家族团圆、和睦及亲情的重视，以及对来年的祝福和对未来生活的美好期待。

祭灶

灶王爷啊，您老人家一定要为我多说点好话啊。

"腊月二十三，灶王爷要上天。"每年腊月二十三，又称"祭灶节"。传说中，灶王爷平日端坐在百姓家的厨灶间，记录人们的每日言行，每年到了腊月二十三这一天，便上天向玉皇大帝禀报。因此，每家都会摆上供品来祭灶君，希望他"上天言好事，下地保平安"。

扫尘

希望能把坏运气都扫除干净！

大扫除能将坏运气扫到门外，这是真的吗？

扫尘就是年终大扫除，全家上下齐动手，干干净净迎接新年。因"尘"与"陈"谐音，扫尘有"除陈布新"的含义，要把一切霉运、晦气统统扫出门。同时个人也要洗澡理发，俗话也说"有钱没钱，剃头过年"。

别急，我带你去。

我也要！

除夕

除夕是春节的前一天，又叫年三十。"除夕"中的"除"字是"去、交替"的意思，除夕的意思是"月穷岁尽"，除夕这天要贴门神、福字、春联等，还要吃团圆饭，守岁，吃饺子。饺子谐音"交子"，即新旧相交于半夜子时十二点，家家户户守岁祈福，等待大年初一新年到来。

小夫子说

除夕的传说

传说，古时候有个凶恶的怪兽叫"夕"，每到岁末便出来害人。后来，人们知道夕最怕红色和声响，于是年三十晚上，家家户户贴红春联，燃放爆竹，来驱除夕兽，以求新的一年安宁。这种习俗从此流传下来，年三十晚上便称为除夕了。

团团圆圆。

大吉（鸡）大利。

年年有鱼，年年有余！

步步高（糕）升。

真好，除夕团圆饭，人到齐了。

穿新衣

过年穿新衣这一习俗，寄托了一种辟邪除灾、迎祥纳福的美好愿望，所以过年时很多人穿红色的衣服或者配饰。

春联和福到

春联，又称"春贴""桃符"，将对仗工整的文字写在红纸上，贴在门两边，表达新年的美好愿望。

除了对联，过年还有贴"福"字和窗花的风俗，"福"倒过来贴，蕴含着"福到了"之意。

大年初一去拜年

拜年习俗，据说源于除夕夜过后，大年初一早上，大家开门互相拜访以恭贺新春并庆贺没有被夕吃掉。现在已经演变为人们辞旧迎新、相互表达美好祝愿的一种方式。除了沿袭以往的拜年方式外，现在还兴起了网络拜年、微信拜年等新的拜年方式。

给爷爷奶奶拜年啦，吉祥如意！

好！好！这是给你们的压岁钱！

奶奶也有压岁钱给你们。过来拿。

压岁钱

压岁钱，又名压祟钱，是由长辈派发给晚辈的。据说压岁钱寓意辟邪驱鬼，保佑平安，晚辈得到压岁钱就可以平平安安度过一岁。压岁钱饱含着长辈对晚辈的关切之情和真切祝福，是中国的传统习俗之一。

小夫子说

各民族的新年习俗

新年是各族人民最重要的节日，其他民族是如何过新年的呢？

壮族：大年初一会取泉水、河水等"新水"回家，寓意新年新气象。

白族：会在家里的天井竖立两棵青松，地上铺垫青松毛，寓意干干净净。

藏族：除夕这天，举行隆重、盛大的"跳神会"，去旧迎新，驱邪降福。

侗族：春节期间盛行一种"打侗年"（又叫芦笙会）的芦笙歌舞比赛。

傣族：举行泼水节，人们相互泼水，祝福人们新的一年幸福平安。

元宵节—团圆的日子

元宵节，在每年农历正月十五日，是中国的传统节日之一。正月是农历的元月，古人称夜为宵，正月十五日是一年中第一个月圆之夜，所以称正月十五为"元宵节"。

元宵节主要有吃元宵、赏花灯、猜灯谜、放烟花等一系列传统活动。有些地方还有舞龙舞狮、踩高跷等传统民俗表演。

今年的龙灯耍得真不错！想必又是一年好光景。

今日好好玩。

这鲤鱼灯，我也很喜欢。

虎头灯，我最喜欢了。

耍龙灯，闹元宵

中华民族崇尚龙，把龙作为吉祥的象征。古人认为龙具有呼风唤雨、消灾除疫的能力，所以古人都希望得到龙的庇佑，由此形成了在元宵节舞龙（耍龙灯）的习俗。舞龙时往往伴随着锣鼓乐队，热热闹闹，喜庆欢乐。

小伙子们，让我们把龙灯耍起来！

耍起来！

这条龙真威风！

赏花灯，猜灯谜

元宵节是一年中灯火最亮的日子。这天晚上，街头巷尾，红灯高挂。花灯是一种传统民间工艺品。花灯的造型多种多样，如宫灯、兽头灯、花卉灯、鸟禽灯、走马灯等，人们在灯下穿梭，非常热闹。

灯谜是写在花灯上面的谜语。每逢元宵节，都要挂起花灯，把谜语写在纸条上，贴在五光十色的花灯上供人猜。因为猜谜语能启迪智慧又迎合节日气氛，逐渐成为元宵节不可缺少的节目。

形状像浓烟，变化万万千，雨雪是它造，能挡日和天。（打一自然物）谜底：云

一串一串纸娃娃，身上穿的红褂褂，一着火就飞上天，噼里啪啦开了花。（打一物）谜底：鞭炮

解落三秋叶，能开二月花。过江千尺浪，入竹万竿斜。（打一自然物）谜底：风

远看山有色，近听水无声。春去花还在，人来鸟不惊。（打一物）谜底：画

小小玲珑一条船，来来往往在江边，风吹雨打都不怕，只见划桨不挂帆。（打一动物）谜底：龙虾

27

中秋节——团圆的日子

中秋节，在每年的农历八月十五。古人将农历的七、八、九月称为孟秋、仲秋、季秋，合称"三秋"。因为农历八月十五正好是在三秋中的仲秋，故名"中秋节"。中秋节是中国的第二大传统节日，仅次于春节。关于中秋节的传说丰富多彩，嫦娥奔月、吴刚伐桂、玉兔捣药之类的神话故事流传甚广。中秋之夜，明月当空，人们认为月圆寓意着团圆，因而中秋节又被称为"团圆节"。中秋节自古便有祭月、拜月、赏月、吃月饼、赏桂花、饮桂花酒等习俗，并流传至今。

> 但愿人长久，千里共婵娟。

> 人有悲欢离合，月有阴晴圆缺，此事古难全。

> 明月几时有？把酒问青天。

> 不知天上宫阙，今夕是何年……

吃月饼，赏桂花

吃月饼是中秋节的习俗之一，月饼寓意家人团圆。吃月饼的习俗相传始于元末，当时农民起义反抗元朝暴政，将藏有"八月十五夜起义"的纸条藏入圆饼里传递消息，最终起义成功。传递信息的"月饼"也作为节令糕点保留了下来。

人们还经常在中秋时赏桂花，食用桂花制作的各种食品。

中秋之夜，仰望着月中丹桂，闻着阵阵桂香，喝一杯桂花蜜酒，欢庆合家团圆，甜甜蜜蜜。

赏月

古代有拜月、赏月的传统。中秋之月在一年之中最为皎洁明亮、饱满圆润。先秦时期就有秋夕祭月神的活动，这与后来的中秋节相关。到了唐代，中秋赏月的风俗已十分流行，诗人们对赏月更是情有独钟，留下不少脍炙人口的千古绝唱。直到今天，一家人围坐在一起，欣赏皓月当空的美景仍是中秋佳节必不可少的活动。

小夫子说

与月亮相关的名句

举头望明月，低头思故乡。
　　——《静夜思》李白

野旷天低树，江清月近人。
　　——《宿建德江》孟浩然

明月松间照，清泉石上流。
　　——《山居秋暝》王维

举杯邀明月，对影成三人。
　　——《月下独酌》李白

海上生明月，天涯共此时。
　　——《望月怀远》张九龄

> 月亮上真的住着嫦娥，还有捣药的玉兔吗？

> 请月神保佑爹娘身体健康。

清明节——祭祖的日子

清明节和冬至都是祭祖感恩的节日。

清明节，又叫踏青节、祭祖节等，源自古代祭祀祖先的习俗。清明节的节日习俗很丰富，其中，扫墓祭祖与踏青郊游是两项最重要的习俗。

清明
The Qingming Festival

清明节是中国四大传统节日（春节、清明节、端午节、中秋节）之一，是唯一一个与节气合一的节日，通常在4月4或5或6日。唐以前，清明主要作为二十四节气之一，反映自然时节的变化，与农事息息相关。唐宋以后，清明节取代寒食节成为节日，寒食节原有的祭祖扫墓、吃冷食等习俗成为清明节俗的内容。此时，万物生气旺盛，人们顺应季节的变化，又有郊游踏青、插柳、放风筝、荡秋千等活动。

踏青郊游遥寄哀思

清明时节，春回大地，正是郊游的大好时光。人们在扫墓之余一家老少还会在山野乡间踏青、放风筝等游乐一番。相传这些习俗是为了防止寒食节冷餐伤身，让大家参加各种活动锻炼身体。

小夫子说

关于清明和春游的诗句

春城无处不飞花，寒食东风御柳斜。
——《寒食》韩翃（hóng）

清明时节雨纷纷，路上行人欲断魂。
——《清明》杜牧

清明时节出郊原，寂寂山城柳映门。
——《寒食寄郑起侍郎》杨徽之

梨花风起正清明，游子寻春半出城。
——《苏堤清明即事》吴惟信

白下有山皆绕郭，清明无客不思家。
——《清明呈馆中诸公》高启

当然是我的高。

我们来比赛，看看谁的风筝飞得更高。

都说清明时节雨纷纷，但今天天公作美，正好春游一番。

节气
The Twenty-four Solar Terms

二十四节气的简称,是中国传统农历中特有的现象。古人为了能更好地进行农事活动,从长期的农业实践中总结出了一套用于指导农耕的补充历法。节气的命名反映了季节、物候、气候三方面的变化:

- 反映季节变化的是立春、春分、立夏、夏至、立秋、秋分、立冬、冬至八个节气;
- 反映物候变化的是惊蛰、清明、小满、芒种四个节气;
- 反映气候变化的是雨水、谷雨、小暑、大暑、处暑、白露、寒露、霜降、小雪、大雪、小寒、大寒十二个节气。

二十四节气在秦汉时期就已形成,有辅助农业生产的功效。节气与地球绕太阳的运动相关,各节气开始时间每年也有差别。每个节气大致有 15 天左右。为了便于记忆,古人发挥聪明才智编写了《二十四节气歌》:

春雨惊春清谷天,
夏满芒夏暑相连,
秋处露秋寒霜降,
冬雪雪冬小大寒。

二十四节气交替的大致时间

会当凌绝顶,
一览众山小。

扫墓祭祖

扫墓祭祖,是清明节俗的核心。清明之祭主要祭祀祖先,表达对先人的思念与敬意。清明祭祀主要是整修坟墓、添培新土、供奉祭品等。现在提倡文明祭祖,用敬献鲜花、植树绿化等方式寄托我们对亲人的思念。

冬至——祭祖的日子

冬至，俗称"冬节"，通常在12月21或22或23日，是全年中夜晚最长、白天最短的一天。古代民间有"冬至大如年"的说法。冬至一到，新年就在眼前，所以冬至也是个重要的日子。

早在汉武帝时就有冬至祭天的习俗，祭天礼通常由皇帝主持。冬至祭天体现了古人敬畏天地、尊重自然的情怀，表达了为天下苍生祈求风调雨顺的愿望。

> 年年冬至日祭天，每年的愿望都差不多。苍天，给个面子，让我的祈愿实现吧！

> 我家冬至吃饺子！

> 我家冬至吃年糕。据说吃年糕，我能年年高。

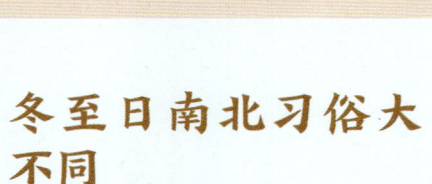

冬至日南北习俗大不同

北方许多地区，每年冬至日，有吃饺子的习俗。相传医圣张仲景曾用羊肉和驱寒药材以及面皮，包成像耳朵的样子，做成名为"祛寒娇耳汤"的药物，送给大家吃。后来，每逢冬至，人们便模仿做着吃，便形成了习俗。

南方地区冬至的饮食习俗非常多样，有汤圆、年糕、烧腊等。沿海部分地区还延续着冬至祭祖的习俗。家家户户会摆好香炉、供品祭祀祖先。祭祖的同时，有的地方也祭祀天神、土地神，以祈求来年风调雨顺，家和万事兴。

九九歌

从冬至这天起，中国就进入了数九寒天。"九九"是二十四节气之外的杂节气。从冬至这天开始算起，以后每九天算一个"九"，一直数到九个"九"，刚好八十一天，九尽桃花开，天气就暖和了。民间广为流传的"九九歌"说：

一九二九不出手，
三九四九冰上走，
五九六九沿河看柳，
七九河开，八九雁来，
九九加一九，耕牛遍地走。

"九九歌"生动形象地记录了冬至到来年春天的气候、物候变化情况。由于中国各地的天气寒暖不同，各地的"九九歌"也有所不同。

九九消寒图

古代冬天是全年最悠闲的日子。古人没有电视，没有空调，没有 WiFi，没有电子游戏，怎么打发这漫长时光呢？其实，古人也有很多有趣的游戏和活动，除了唱"九九歌"，还绘制"九九消寒图"。"九九消寒图"有三种图式，分别为文字、圆圈、梅花三种。"九九消寒图"既是记录时间天气的工具，又是人们熬寒盼春的娱乐形式，还能让小朋友识字，学习历史知识、自然常识。

画 铜 钱

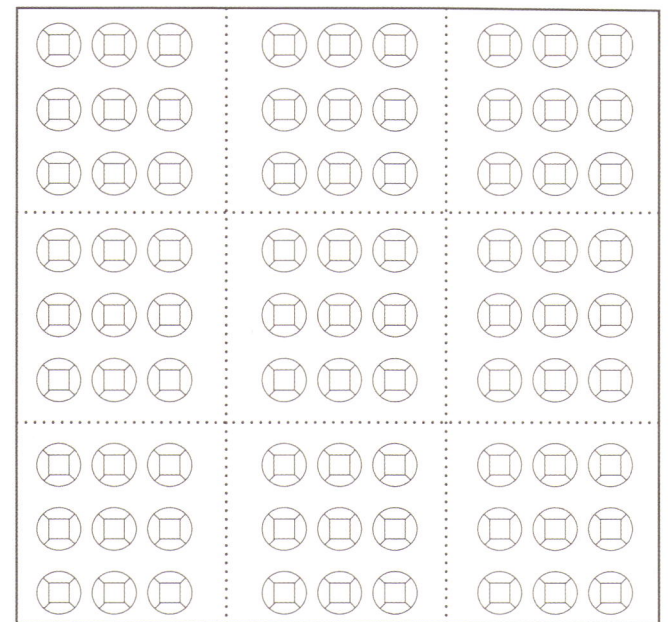

上阴下晴雪当中，左风右雨要分清
九九八十一全点尽，春回大地草青青

端午节——祈福的日子

端午节是纪念祈福的节日。

端午节,又叫龙舟节、端阳节等,通常在每年农历五月初五。"端"有"初始"的意思,因此"端五"就是"初五"。据说,最初端午意味着每月的初五,后来特别将五月初五称之为端午。

每到端午佳节,各种贺节活动精彩纷呈,节味浓郁,热闹喜气。正如歌谣:"五月五,是端阳。吃粽子,挂香囊。门插艾,香满堂。龙舟下水喜洋洋。"

挂菖蒲,插艾草,吃粽子

民间谚语说:"清明插柳,端午插艾。"在端午节,人们通常会在门上挂艾草和菖蒲。艾草是一种可以治病的药草,菖蒲是一种水生植物。据说,它们的奇特芳香可以驱病、防蚊、辟邪。

端午节吃粽子,自古以来在中国各地盛行不衰,已成了中华民族影响最大、覆盖面最广的民间饮食习俗之一。粽子,主要材料是糯米、馅料,用箬(ruò)叶等包裹而成,形状多样。由于各地饮食习惯的不同,粽子形成了南北风味,有了甜咸之分。

> 去年的粽子不够吃,今年得多包点儿。

端午除了吃粽子之外,在很多地方,蛋也是不可少的节令食品。从外形上看,蛋如心形,人们认为吃了蛋能使人的心气神不受亏损,一年不生病。

> 粽子香,香厨房,艾叶香,香满堂……

五色线与雄黄酒

有些地方的端午还有佩戴五色线、饮用雄黄酒的习俗。

五色线由红、黄、蓝、绿、紫等五色丝线编织而成,又称百索,据说佩戴它可保佑长命百岁、不染疾病。

五月气温上升,蚊虫滋生,古人会在端午这天饮用雄黄酒以杀百毒,还有"饮了雄黄酒,病魔都远走"的说法。

端午节的由来

传说，战国末期楚国大臣、诗人屈原眼看自己的祖国将要被灭亡，内心悲痛，于五月初五，投汨罗江而亡。屈原投江后，当地百姓闻信马上划船捞救。百姓又怕江河里的鱼虾啄食屈原的遗体，纷纷回家拿来米团投入江中。后来逐渐演变为划龙舟、吃粽子的习俗。

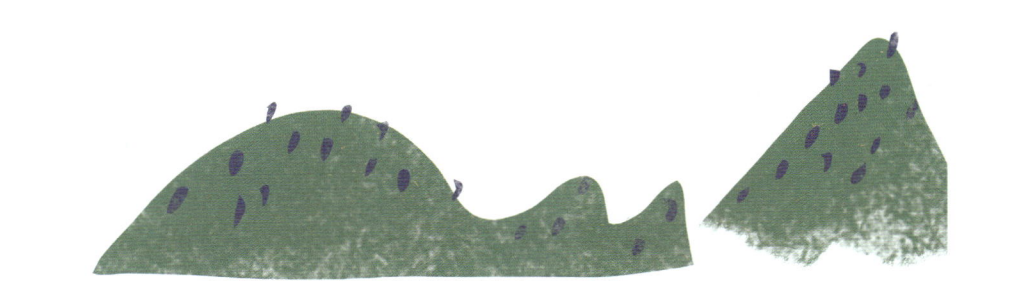

赛龙舟

赛龙舟，也叫龙舟竞渡，是端午节最具代表性的一项全民游乐活动，其起源可追溯至战国时代。赛龙舟先后传入日本、越南及英国等国家。2010年被列入广州亚运会正式比赛项目。

迎端午，赛龙舟。

跃龙登场，乘风破浪。

水龙江中游，谁与争锋。

七夕节——祈福的日子

每年农历七月初七为七夕节,是我国传统节日中最浪漫的节日。传说这天,一年没见面的牛郎和织女能通过鹊桥相会。

七夕夜晚坐看牵牛织女星、访闺中密友、拜祭织女、祈祷姻缘、切磋女红、乞巧祈福等等,是中国古代的传统七夕习俗。

祈祷姻缘

牛郎和织女他们对爱情的坚贞和信守令人感动。因此,古时候的年轻女孩会在七夕这天晚上,摆上时令水果,对着夜空中的银河祭拜,祈求织女能让她们的心灵聪慧,双手灵巧,并获得美满的姻缘。所以七夕节又叫"乞巧节"。这是属于女孩子的活动,因此,七夕也叫"女儿节",是中国唯一以女孩为主角的特色节日。

牛郎，我天天盼，终于又见到你了，你和孩子们都好吗？

乞巧祈福活动

七夕节的乞巧活动有很多，比较常见的是穿针乞巧和喜蛛应巧。

"穿针乞巧"，也叫"赛巧"，女孩子们比赛穿针。她们结彩线，穿九孔针，谁穿得越快越多，就意味着谁乞到的巧越多。穿得慢的称为"输巧"，"输巧"的人要将事先准备好的礼物送给得巧者。

女孩子们还会在七夕这天捉蜘蛛，将它放到果盆上，第二天早上观察果盆上有没有喜蛛在结网。如果有蜘蛛结网了，就是"得巧"，会大吉大利，这就是"喜蛛应巧"。喜蛛其实是一种米粒大的小蜘蛛，夏秋之交，在一些花草树木上，常能见到，偶尔有一只爬在人身上或被人发现在屋内，都说是喜事之兆。

小夫子说

古代读书人也过七夕节？

"七夕"最早来源于人们对自然天象的崇拜。不仅有牵牛星和织女星，古人将东西南北各七颗代表方位的星星，合称二十八宿，其中以北斗七星最亮。北斗七星的第一颗星叫作魁星，又称文曲星，主管考运。古代的读书人要通过科举考试才能改变自己的命运，所以，魁星对他们的保佑是很重要的。七夕不仅是女儿节，更是魁星生日。所以在七月初七这一天，辛苦的读书人会祭拜魁星，祈求能够在未来的日子里一举夺魁。中状元即获得魁首，因此，读书人把七夕也叫"魁星节"。

去年我得巧，今年我同样要得巧。

聚精会神……

吸气……呼气……

重阳节——祈福的日子

重阳节通常在每年的农历九月初九。古代有本名为《易经》的书，书中把"九"定为阳数，"九九"两个阳数，因而称"重阳"或"重九"。重阳节有吃重阳糕、登高祈福、秋游赏菊、佩插茱萸及饮宴求寿等习俗。传承至今，又添加了感恩敬老、登高赏秋等内容。

重阳节的传说

相传东汉时，汝河里出了一个瘟魔，每年九月初九制造瘟疫为祸人间。村里有个叫桓景的小伙子，为了除掉恶魔去拜仙人费长房为师，并掌握了降妖除魔的本领。他回到家乡让乡亲们登高并准备茱萸叶、菊花酒使瘟魔不敢近前，最后大家一起合力杀死了瘟魔。人们为了纪念桓景铲除瘟魔、为民除害，就把这一天叫作"重阳节"。

小夫子说

重阳说"九"

"九"在中国文化中是一个神奇的数字。古人将一到十分为"阳""阴"两类，一、三、五、七、九为阳数，二、四、六、八、十为阴数。九是阳数中最大的一个，象征至极之数。如九重天（形容天很高）。"九"与"久"谐音，蕴含长久之意，"饭后百步走，活到九十九"中的"九十九"表达了人们对长寿的期盼。

> 我以菊花酒敬您，愿您长寿康健。

> 哎，老爷又在思念亲朋……年年都如此。

> 独在异乡为异客，每逢佳节倍思亲。遥知兄弟登高处，遍插茱萸少一人。

登高

重阳登高习俗，源于古人对山岳的崇拜。登高可以是登高山、登高楼，或是登高台。

赏菊

九月正是菊花盛开的时节，重阳节历来就有赏菊花的风俗。在中国古俗中，菊花象征长寿。菊是长寿之花，菊花也被赋予凌霜不屈的美好寓意。

> 儿子，那儿就是我们的目的地。只有登上高处，才能望得更远。

> 好远……

小夫子说

茱萸

茱萸是一种可以做中药的果实，香味浓。古人认为在重阳节这一天登山，插茱萸可以驱虫去湿、驱逐风邪。

腊八节——祈福的日子

腊八节，俗称"腊八"。腊八节通常在每年农历十二月初八。古时，我国一些地方有在腊月打猎获取猎物以祭祀祖先和神灵，祈求吉祥的传统。喝腊八粥也是习俗之一。

运气不错，猎头鹿回去，它全身都是宝。

小夫子说

腊八蒜

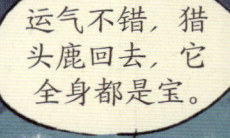

有些地方在腊八这天泡腊八蒜。小朋友，你也来试试吧。

1. 大蒜去皮。
2. 把蒜放进瓶子，倒上醋。
3. 密封保存，直至变绿。
4. 开封食用，腊八醋也可以蘸饺子吃。

腊八粥

天寒地冻，一碗热气腾腾的腊八粥是暖手养胃的佳品。腊八粥是一种由多样食材熬制而成的粥。我国喝腊八粥的历史，已有一千年以上了。古时候，每逢腊八这天，不论是官府还是百姓都要做腊八粥。到了清朝，喝腊八粥的风俗更是盛行。民间做腊八粥先祭祀祖先，再赠送亲朋好友，最后合家团聚一起食用，如有剩余，就意味着"年年有余"的好兆头。

在我国有"小孩小孩你别馋，过了腊八就是年"之说，过腊八意味着拉开了过年的序幕。每到腊八节，很多地区忙着剥蒜制醋，泡腊八蒜，喝腊八粥。

腊八粥的传说

在民间传说中，腊八粥与明朝开国皇帝朱元璋有关系。

"牛每日都吃得饱，我却每日饿肚子。"

朱元璋出身穷苦，从小他就被父母送去财主家放牛。这个财主不仅吝啬还凶狠，小朱元璋在他家挨打受骂是家常便饭，吃不饱饭更是常事。

"饿得睡不着……"

有一年冬天，小朱元璋累得在牛棚里睡着了。不料，被老财主发现了，老财主把他关进一间屋子里不给饭吃。他饿得直转悠，想找点东西吃。

"这下有吃的了。"

幸运的是，他在屋中发现了一个老鼠洞，更幸运的是，这个老鼠洞里有米，有豆，有花生红枣，还有黄米。他便把这些东西混在一起，煮了一锅香喷喷的粥。饥饿难忍的小朱元璋，这才美美地饱吃了一顿。

"闻着是香，不知味道如何？"

"这是我吃得最饱的一次。"

朱元璋后来当上皇帝，突然想起穷困时用五谷杂粮混在一起熬的粥，就让御厨做了一锅，分给大臣们食用。大家都说好吃，并问这是什么粥。朱元璋见这天刚好腊八，索性叫它"腊八粥"。腊八粥渐渐传到民间，便成了节令食品。

中国人的一生

在古代，人的一生大致会经历的礼仪，有诞生礼、满月礼、命名礼、周岁礼、冠礼、笄（jī）礼、婚礼、寿礼、丧礼等。

> 愿宝宝长命百岁！
> 你只要身体健康，妈妈就知足了。
> 这大胖小子肯定有大出息。

摇篮里的祝福

人的诞生，俗称生日。沉浸在喜悦之中的大人们为了表达对新生命的爱意和祝福，就以各种仪式来为孩子祈福。

百日礼

百日礼是在婴儿出生的第一百天举行的祝其长寿的仪式。这一天，主人家会摆宴席，宴请亲朋好友分享喜悦。

满月礼

古人认为，婴儿出生后能活过一个月就是渡过了一个难关。这个时候，为了庆祝婴儿渡过难关，通常会举行满月礼仪式。这个仪式会邀请亲朋好友参与见证，为孩子祈祷祝福。这就是"满月酒"的来源。

> 谢您吉言。
> 您二老这小孙子将来定前途无量。

> 先洗头，做王侯。
> 后洗腰，一辈倒比一辈高……

洗三

婴儿出生后第三日，会举行沐浴仪式，会集亲友为婴儿祝福，俗称"洗三"。"洗三"的用意，一是洗涤污秽，消灾免难，二是祈祥求福，图个吉利。

命名礼

名字寄托了父母对子女的美好祝愿和期盼。无论古今，取名都是一件十分重要的事情。古代为孩子命名是一个复杂而又慎重的过程，有定吉时、邀亲朋、宣告命名、敬告祖先等环节。

最好是印章。

最好是书。

我喜欢玩具，希望弟弟抓玩具。

抓周

一周岁时，大人们会将各种物品摆放在小孩面前，让孩子自由抓取，这就是抓周。抓周是一个预测孩子前途的习俗。看孩子先抓何物，后抓何物，以此来预测孩子未来的兴趣爱好、前途和将来从事的职业。抓周常用物品有笔、墨、纸、砚、印章、算盘、钱币、书籍等。

抓周是孩子第一个生日的庆祝方式，是人们对生命延续、人生顺利和家族兴旺的一种祝愿方式。反映了父母对子女的舐犊情深，具有家庭游戏性质，是一种颇有人伦趣味的风俗活动。

抓周常用物品

中国人的一生

摇篮里的祝福

成人礼—冠礼和笄礼

合两性之好—婚礼

寿诞祝福—祝寿

葬之以礼—丧礼

成人礼—冠礼和笄礼

中国古代成人礼，包括男孩的"冠礼"和女孩的"笄礼"。

冠（guàn）礼

古人称帽子为冠。在古代，男孩到了一定的年龄，一般是 20 岁左右，会举行冠礼，表示成年。

古代的冠礼，是在家族中的宗庙里完成的。举行冠礼前，要挑选一个吉日，这是希望男孩有个好的开始，一生顺利。一般会提前选定一位德高望重的长者担任嘉宾；还要准备祭祀天地、祖先的供品。

> 成年，意味着要对家庭负责了。

> 成年，意味着要对家族的兴盛负责。

> 成年，意味着要为国家的繁荣贡献一份力量。

成人 Complete Man

具备了健全德性与全面技能的人。

冠礼一般由父亲主持，由指定的嘉宾给行冠礼的男孩加冠。嘉宾依次将缁布冠、皮弁（biàn）、爵弁三种冠加在男孩头上。

加缁布冠，表示从此成年，能担负起责任；皮弁是古代武官之冠，加皮弁，表示能保家卫国；爵弁是古代文官之冠，加爵弁，表示能端正自己的言行举止，可以参与祭祀做一个有德行的人。依次加冠，也表示希望行加冠礼的男孩的德行能与日俱增。在古代，冠礼是一个男孩人生中的重要礼仪之一。

缁布冠　皮弁　爵弁

笄（jī）礼

女孩的成年礼，叫作笄礼。主要是由女性长辈来主持，给女孩子改变发饰。古代女孩在十五岁左右举行笄礼，结发加笄。结发是将头发梳成发髻，盘在头顶，以区别童年时代的发式。笄，是一种簪子，用来插住挽起的头发。头上插笄意味着一个女孩已经成年，可以出嫁结婚了，所以女子十五岁也称为"及笄"。

小夫子说

名与字

古代的名和字是分开的，只有长辈才可称其"名"，一般人或平辈只可称其"字"，因而要取一个"字"便于别人称呼自己。比如，李白，字太白。只有他的父亲、师长等人可以叫他李白，而其他人只能叫他太白或太白先生。一般而言，男孩的"字"是冠礼之后取的。
古人的名与字是有一定的关系的。例如，屈原，名平，字原，平、原意思相近。朱熹，字元晦，"晦"指夜晚昏暗不明，"熹"指光明，名与字意思正好相反。

> 姐姐真漂亮，我什么时候能有自己的笄礼呢？

> 笄礼过后，女孩子就可以嫁人了。

> 希望你能孝顺，明礼。将来嫁个好人家。

待字闺中，何为"字"呢？

古人常常形容未嫁的女孩为"待字闺中"，"闺"即女孩子的卧室。举行过笄礼之后才能得到"字"。

古今中外成人礼

古今中外都强调人一旦成年，就要开始承担应有的责任。在中国，年满18周岁为成年。当然各国的规定也有所区别，如奥地利、意大利为21周岁成年，日本、瑞士为20周岁成年。

合两姓之好——婚礼

有天地，然后有万物；有万物，然后有男女；有男女，然后有夫妇；有夫妇，然后有父母子女……古往今来，婚礼一直被视为人生当中最为重要的礼仪。婚礼标志着成家立业，即将合力发展家庭。

古人认为黄昏是吉时，在黄昏举行娶妻之礼，所以婚礼原来称为"昏礼"。因为在古人看来，黄昏是白天即将结束夜晚即将来临的时候。白天代表阳，夜晚代表阴，阴阳相交的时候举行婚礼，未来的婚姻生活一定能完美和谐。而且中国人喜爱红，认为红是吉祥的象征，所以传统婚礼习俗总以大红色烘托着喜庆、热烈的气氛。

周公六礼

中国古代时的婚礼遵循周公六礼，六礼是指由求亲、说媒到迎娶、完婚的六个环节。这些礼仪早在两千多年前的先秦时期就基本确定了。此六礼分别是纳采、问名、纳吉、纳征、请期和亲迎。六礼中，纳征和亲迎是最重要的环节。

纳采

纳采是婚姻礼仪第一步。纳采时，男方请媒人去女方家提亲，得到女方家同意后，再准备礼物正式去女方家求婚。大雁是古代纳采的重要礼物，如果没有，可以用鸡或鸭、鹅代替。

问名
第二步是请媒人去问清楚女方的出生年月日，拿到女方的庚帖，以便男方回去占卜吉凶。

纳吉
第三步是纳吉礼。男方拿到女方的庚帖后，第一时间向祖先神灵请示吉凶，以确定男女双方年庚八字是否相合。男方家卜得吉兆后，再备礼通知女方家，婚事就初步议定了。

纳征
第四步纳征。在婚礼前的一段时间，男方会请两位或是四位女性亲戚，她们上有父母，下有儿女且夫妻恩爱，能与兄弟姐妹和睦相处，这样的人被认为是有福气的全福之人，约上媒人，给新娘送聘金、聘礼。

请期
第五步请期。男方下聘之后，选定一个良辰吉日作为婚礼的日期，再准备礼物送到女方家，征求女方家的同意。古时候，选择吉日一般多为双月双日，不会选在三、六、十一月。古人认为"三"谐音"散"，有散伙的兆头，不吉利。不选六是因为六个月是半年，半而不全。不选十一月，因为它还差一个月就是十二月了，十一月隐含不尽之意。

亲迎
第六步，新郎迎娶新娘。婚前女方送嫁妆、铺床。到了婚礼当天，新郎到女方家迎娶新娘。

过奖了，过奖了。
令郎一表人才！
恭喜令郎喜结良缘啊。
愿令郎早生贵子，您老早日抱孙。
这两位听说是郎才女貌啊。
兄弟，别羡慕了，咱普通人羡慕不来。

小夫子说

媒人

《诗经》有言："娶妻如何，匪媒不得。"在古代，媒人是婚姻促成过程中的重要人物。古代的礼制和法律也明文规定，婚姻必须有"媒妁之言"，每一桩婚姻都离不开媒人。周公六礼中的每个环节都需要媒人穿针引线。古代媒人有很多不同的称呼，如保山、冰人、媒婆、红娘、月老等。

寿诞祝福—祝寿

通常，人们会给年满60岁及以上的老人办寿礼。寿礼也叫做寿、庆寿、贺寿等。特定年龄的寿礼有特定称呼，如庆八十、贺六十、古稀之寿等。在古代，人的平均寿命相对较短，所以人们非常向往高寿，并将高寿之人誉为"人瑞"。

希望健康长寿是每一个老人的心愿。因此在给老人祝寿时人们常常用松树、南山、东海、仙鹤、灵龟等来寄托长寿的祝愿，说一些吉祥的祝福语。比如，福如东海、寿比南山、松鹤长春、春秋不老、龟鹤齐龄等。当然，宴席上也少不了寿桃、寿糕、寿面、寿联、寿屏、寿图等寓意吉祥的礼物。

祝爹松鹤长春。

祝爹春秋不老，龟鹤齐龄。

哪能活那么长久，能健健康康活到一百，我就知足了。

祝爷爷福如东海，寿比南山。

古代表示年龄的词语，你都知道吗？

襁褓	孩提	垂髫	总角	束发（志学）之年	弱冠	而立
指未满周岁的婴儿。	指两到三岁的幼儿。	髫（tiáo）是儿童自然下垂的短发，代指三四岁至七八岁的儿童。	儿童把垂发分左右两边各扎成一个如羊角样的"结"称为总角，代指八九岁至十三四岁的儿童。	指男子十五岁时将原来的总角解散开，扎成一束形成髻。十五岁也是立志求学之年。	古时男孩二十岁左右称弱冠。	指三十岁，古时男子三十岁应该学有所成、事业独立。

葬之以礼——丧礼

丧礼是有关丧事的礼仪。古人为了寄托自己对逝去亲人的哀思创制了各式各样的丧葬礼仪。

出殡是丧礼中最隆重的大礼，在将棺椁运到墓地的这段过程中，有很多繁复的礼节。在古代人眼里，子孙与亲朋穿着孝服送葬，人越多，哭声越响，丧事就办得越体面。

守孝之礼

古代规定，父母去世后，子女必须守孝。传统观念认为，婴儿出生后三年需要父母时刻的照料，因此父母去世后，子女也应该还报三年。守孝期间不能做官应酬，做了官的要辞官守孝。守孝期间，不应嫁娶，还要不饮酒、不吃肉、不玩乐，女子不能戴首饰。

小夫子说

喜丧

一般年纪很大的老人无疾而终，人们会安慰他的家人，说是喜丧，应该高兴才是。主人家也会将这样的丧事当成喜事来办，请来乐队敲锣打鼓，并且大摆筵席，热热闹闹。

> 您一路走好，呜……呜……

不惑

四十不惑，是说四十岁后对社会、人生有了更深的思考，不再疑惑。

知天命

五十而知天命，是说五十岁之后，知道了事事不会都如自己所愿，做事情不再像年轻时那样追求结果。

花甲／耳顺

都是代指六十岁。古时六十年为一甲子，亦称一花甲。古人认为人到六十岁能正确对待各种言论，不再受言论的影响。

古稀／耄耋

古稀：代指七十岁。由于古代医学不发达，能够活到七十岁的老人比较稀有。

耄耋（mào dié）：代指八九十岁的老人。

影响人一生的德行

礼仪与德行不可分割，礼仪是外显的行为规范，表现的是内在的忠义、孝悌、仁爱、智勇等德行，一表一里才铸成了华夏"礼仪之邦"的文化精神。我们要在实践礼仪的过程中理解并贯彻良好的德行，礼仪才不会是空洞的形式。

德 De

"德"是指个人的良好品格或人们在社会共同生活中的良好品行。

甲骨文　　金文　　楷书

心直为德　行在当下

甲骨文的"德"由"彳"和一只眼睛组成，寓意看得直，行得正。金文的"德"，眼睛下加了一颗"心"，强调内心要正直，胸怀坦荡。楷书的"德"，传达了行得端，看得直，心要正的寓意。双人旁是行走的意思，暗示我们要在日常生活中脚踏实地地践行这些好的品德。

仁 Ren

"仁"是爱人。爱人首先是关爱父母家人，进而关爱亲朋，最终扩大为对天下之人的博爱。

> 大夫，诊费多少？

> 不用诊费，病好之后给我栽种一棵杏树就好了。

杏林春暖　仁爱董奉

三国时吴国名医董奉，医德高尚，仁爱好施。他治病从不收取病人钱物，只要求病人痊愈后为他栽种杏树。不久，董奉的住所附近郁然成林。杏子成熟后他便用杏子换谷物救济贫民。后来人们就用"杏林"代指中医界，并以"杏林春暖"等来称颂医生的医术高明及医德高尚。

忠 Loyalty

"忠"是一种尽己所能的态度。每个人应全心全意地履行自己的职责，而不应受个人私利的影响。"忠"的对象可以是一个人，也可以是一个组织、团体乃至国家。

> 儿一刻都不敢忘。

> 我儿该时刻谨记尽忠报国。

尽忠报国的岳飞

宋代名将岳飞的母亲曾在他的背上刻下"尽忠报国"四个字。这四个字时刻提醒岳飞，要尽己所能保家卫国。在战场上，他勇猛杀敌，令敌人闻风丧胆。

智勇双全

智与勇密不可分。遇事如果不讲方法，只知蛮干，可能最终不但无法好好解决问题，还容易让自己受到伤害。而思考明白之后，如果缺乏勇气，不敢放手去做，也不利于问题的解决，有时还会错失良机。

智 Intelligence

"智"是聪明、智慧，主要体现在对是非、利害做出明晰的认知与判断。"智"既是对外在的人与事的认知，也包括对自身的反省。

勇 Courage

"勇"是勇敢。"勇"作为一种德行，要求在行事之时，不畏惧困难，不计较个人利害，始终坚守道义的原则，敢于制止违背道义的行为。

智勇双全的司马光

北宋名人司马光小时和一群小伙伴玩耍嬉戏，忽然一个小孩不小心跌入了一口盛满水的大瓮之中。他在水里挣扎呼喊，其他小孩子吓得跑掉了。而司马光灵机一动，拿石头砸开了瓮，成功地救了这个小孩。

> 幸好石头没有砸到你。

学

不断学习，能够帮助我们掌握知识，阅读、思考以及反思自己的每日得失，能够帮助我们成就和提升自身的德行。

学 Learn

"学"主要指对知识的理解和掌握。

> 不学诗，无以言；不学礼，无以立。……学而时习之，不亦说乎……

囊萤夜读

晋代车胤（yìn）从小就爱学习，但因家境贫困，没钱买灯油晚上读书。夏天的夜晚，许多萤火虫在空中飞舞。他突发奇想，把许多萤火虫集中在一起，不就成为一盏灯了吗？于是，他抓了几十只萤火虫放在一个口袋里，照着萤光刻苦读书，最终学有所成。

至此，我们按照中国人的一天、一年、一生的顺序匆匆浏览了中国传统德行礼仪这条文化长廊，这座人类精神的宝库。中国传统德行礼仪内容丰富，需要我们驻足学习的地方很多。但学习理解这些礼仪德行只是前提，重要的是践行其中合理的礼仪，并不断完善自己的德行。让我们一起向着自强不息、厚德载物的君子人格理想努力吧。

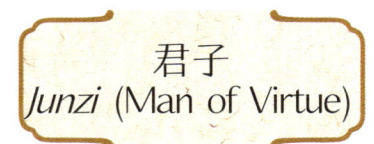

君子
Junzi (Man of Virtue)

"君子"最初用以指称人的社会身份与地位，一般指统治者和贵族男子。但自孔子始，"君子"更多地被赋予了道德的意义，德行出众者被称为"君子"，反之为"小人"。在儒家传统中，"君子"成为一种介乎士和圣贤之间的人格理想，它标志着道德人格的确立。"君子"有志于追寻和实践作为价值理想的"道"，并把"道"而不是权力或利益等视为生命意义的根本。

中华思想文化术语表

礼 Rites / Social Norms / Propriety	1
仓廪实而知礼节 When the Granaries Are Full, the People Follow Appropriate Rules of Conduct.	3
孝 Filial Piety	6
悌 Fraternal Duty	8
礼尚往来 Reciprocity as a Social Norm	11
积善成德 Moral Character Can Be Built by Accumulating Goodness	18
诚 Sincerity	18
信 Good Faith	19
和为贵 Harmony Is most Precious.	19
春节 Spring Festival	22
清明 The Qingming Festival	30
节气 The Twenty-four Solar Terms	31
成人 Complete Man	44
德 *De*	50
仁 *Ren*	50
忠 Loyalty	50
智 Intelligence	51
勇 Courage	51
学 Learn	51
君子 *Junzi* (Man of Virtue)	52

中华思想文化术语传播工程
部分专家

叶嘉莹 加拿大皇家学会院士,加拿大不列颠哥伦比亚大学终身教授,中央文史研究馆馆员,南开大学中华古典文化研究所所长

李学勤 清华大学出土文献研究与保护中心主任,清华大学历史系及思想文化研究所教授,"夏商周断代工程"首席科学家、专家组组长

林戊荪 高级编辑,曾任外文局局长、中国翻译工作者协会常务副会长,现为中国翻译协会顾问、外文局教育培训中心高级顾问

张岂之 西北大学名誉校长,西北大学中国思想文化研究所所长,清华大学、西北大学教授,教育部社会科学委员会副主任

韩　震 北京师范大学教授,教育部社会科学委员会委员,教育部高等学校教学指导委员会哲学类专业教学指导委员会主任委员

黄友义 曾任国际翻译家联盟副主席、外文局副局长兼总编辑、中国翻译协会秘书长,现任中国翻译协会常务副会长、全国翻译资格(水平)考试英语专家委员会主任

王　博 北京大学副校长、哲学系教授,北京大学儒学研究院院长、道家研究中心主任

袁济喜 中国人民大学国学院教授,中国人民大学孔子研究院学术委员,北京大学美学与美育中心客座教授

聂长顺 武汉大学中国传统文化中心教授,武汉大学日本研究中心学术企划部部长